Lydie Ottelart

Seidenmalerei neue Techniken

Frech-Verlag Stuttgart

Titel der Originalausgabe:
NOUVELLES TECHNIQUES
pour la
PEINTURE SUR SOIE

ISBN 2-249-22543-5
ISSN 0336-5212

Materialangaben und Arbeitshinweise in diesem Buch wurden von der Autorin und den Mitarbeitern des Verlags sorgfältig geprüft. Eine Garantie wird jedoch nicht übernommen. Autor und Verlag können für eventuell auftretende Fehler oder Schäden nicht haftbar gemacht werden. – Für eine Verbreitung des Werkes durch Film, Funk, Fernsehen oder Videoaufzeichnungen ist eine Genehmigung oder Lizenz des Verlags erforderlich. Das Werk ist urheberrechtlich geschützt nach § 54 Abs. 1 und 2 UrhG.

Auflage: 5. 4. 3. 2. 1. | Letzte Zahlen
Jahr: 1992 91 90 89 88 | maßgebend

ISBN 3-7724-1167-3 · Best.-Nr. 1167

frech-verlag
GmbH + Co. Druck KG Stuttgart
Druck: Frech, Stuttgart 31

Kennen Sie alle Möglichkeiten der Seidenmalerei?

Mitte der 70er Jahre wurde die Seidenmalerei populär. Ich begann damals in ihre Geheimnisse einzudringen. Die Seidenmalerei brachte mir viel Freude und die Ergebnisse setzten mich in Erstaunen.
Bekannt wurde die Seidenmalerei zunächst durch die einfache, aber effektvolle Technik des Salzstreuens; beliebt wurde sie durch die präzise und anspruchsvollere Kontureneinfassung mit Gutta. Das Batik-Verfahren hatte bereits Tradition und erhob die Seidenmalerei in den Adelsstand, das noch wenig bekannte Aquarell-Malen auf Seide brachte sie auf das Niveau der Kunst.
Davon abweichend interessierte ich mich für die verborgenen Möglichkeiten der Seidenmalerei. Seit April 1981 suchte und fand ich in meiner Werkstatt neue Verfahren, die einen spontanen Ausdruck und einen moderneren Zugang erlaubten.
Entdecken Sie in diesem Buch die Ergebnisse meiner Versuche; dabei wende ich mich hauptsächlich an diejenigen, die mit der Seidenmalerei vertraut sind und ihre Kenntnisse mit neuen Erfahrungen bereichern möchten.

Zu allen Zeiten hat die Natur Maler und Dichter angeregt.
Deshalb ist es nicht verwunderlich, daß in der Seidenmalerei so häufig Blumen, Schmetterlinge und Vögel dargestellt werden.
Für mich war die Natur schon immer eine unerschöpfliche Quelle der Inspiration; betrachte ich ihre Erscheinungsformen, offenbaren sich mir verborgene Harmonien.
Mit einem neuen Blick für die Umgebung und von dem Wunsch beseelt, neue Emotionen zu empfinden, lade ich Sie ein, in die Welt der begeisternden Abstraktion einzutreten.
Die bereits bekannten Fleckentechniken erlauben ein kreatives Gestalten ohne strenge Vorschriften; die anderen Maltechniken der figurlichen Darstellung verlangen bereits viel Übung und einiges Können.
Sind diese Entwicklungsstadien durchlaufen, kommt die freie Gestaltung und die nichtfigürliche Darstellung dazu. Geben Sie sich Ihrer Phantasie hin, und lassen Sie sich in Ihren Bewegungen durch nichts behindern. – Eine plötzliche Eingebung, eine Anregung, der Wunsch einer freiwerdenden Energie ihren Lauf zu lassen, sollten Sie zu einer ungewohnten Ausdrucksweise und zu neuer Kreativität führen. In diesem „schöpferischen Rausch“ sollten Sie malen.

Eine neue Arbeitsweise braucht neues Material

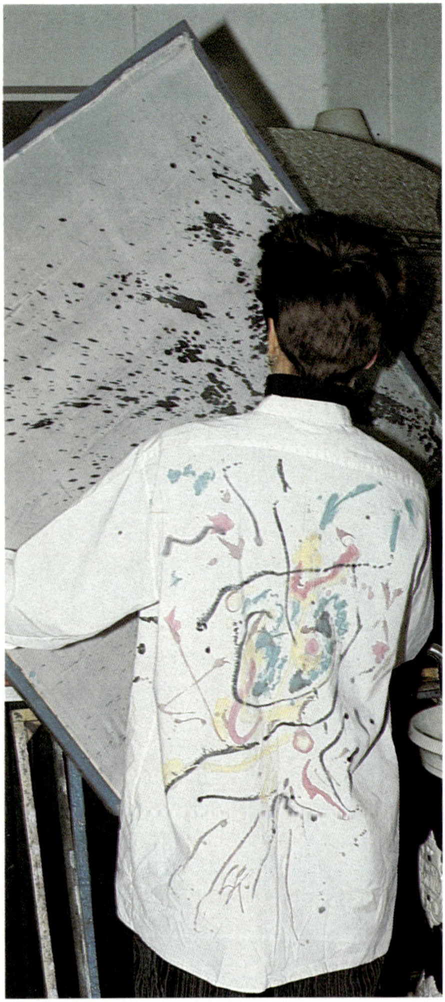

Als Malgrund dient die Seide in allen ihren Qualitäts- und Stärkenvarianten: Pongee, Musselin, Twill und Satin. Einige Seidenarten eignen sich für bestimmte Techniken mehr als andere, dies wird in jedem Kapitel angegeben. Man kann auch andere Stoffe verwenden, z.B. Baumwolle, Wollstoffe wie Etamine de Laine und – warum auch nicht – fertig gekaufte Kleidungsstücke, wie T-Shirts, Stoffschuhe usw.
Durch die Seidenmalerei wurden einigen Lebensmitteln neue Funktionen zugeführt, z.B. durch die Salzstreutechnik. In Japan wird auch Reiskleister und Fischleim verwendet. Also warum nicht auch Zuckersirup, Maisstärke u.a.?
Die Farben sind die üblichen Seidenmalfarben für die Dampffixierung, z.B. Savoir Faire.

Grundausrüstung:

Holzrahmen
Dreizackstifte oder Pinnadeln
Seidenmalfarben für die Dampffixierung, z. B. Savoir Faire
handelsüblicher Farbverdünner
Becher und Behälter für Wasser
Lappen
Putztücher
Pipetten
Pinsel
harte Bürsten
weiche Schaumgummibürsten
Zerstäuber (Mundspritzgerät)
verdünnte Gutta
(7 Teile Waschbenzin/1 Teil Gutta)
Watte
Fixiergerät oder Kessel zum Fixieren
Topf, Wasser und Zucker, zur Herstellung des Zuckersirups.

Werkzeug und Material

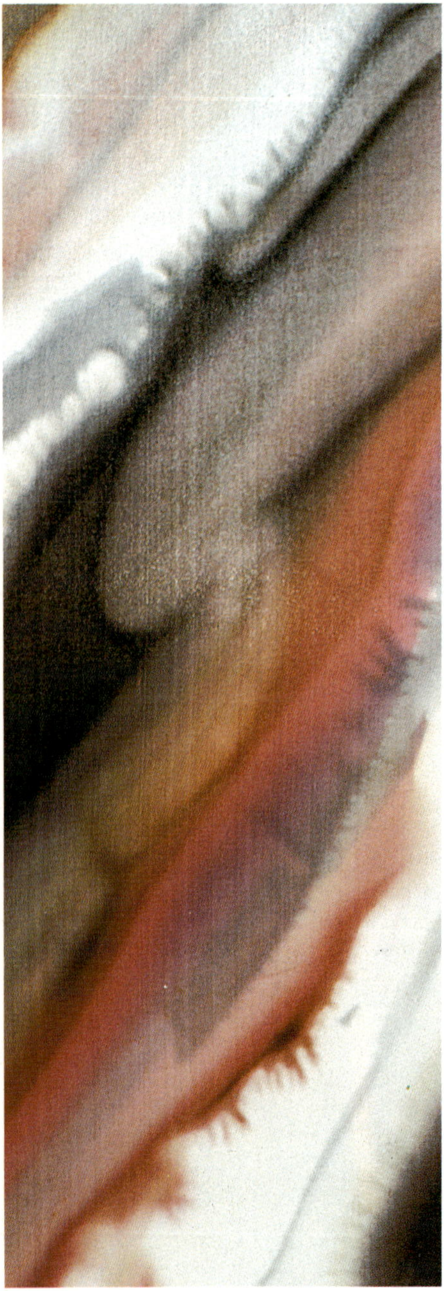

Maltechnik mit Zuckersirup

Diese Maltechnik wurde erstmals 1978 von Litza Bain angewendet, die den Zuckersirup als Trennmittel benutzte. In meiner Werkstatt, dem „Nouvel Atelier“, habe ich zusammen mit ehemaligen Schülerinnen in dieser Maltechnik weiter experimentiert. Die Ergebnisse sehen Sie auf den folgenden Seiten.

Grundrezept
Zu gleichen Teilen wird Zucker in Wasser aufgelöst. Für kleine und mittelgroße Stoffzuschnitte genügt je ein Glas. Die Zuckerlösung wird erhitzt, bis sie zu kochen beginnt, dabei durchläuft sie verschiedene Stadien und ist schließlich zu Sirup eingedickt. Der Sirup darf durch das Aufkochen nicht braun werden. Sie können den Sirup lauwarm oder kalt, mehr oder weniger eingedickt verwenden; es werden jeweils verschiedene Effekte erzielt. Aufbewahrt in einem geschlossenen Glas ist er auch nach mehreren Tagen gebrauchsfähig. Sollte der Sirup durch das Aufbewahren kristallisieren, gießen Sie kochendes Wasser zu und kochen das ganze nochmals auf.

Rindeneffekte

Material
Zuckersirup
Seidenmalfarben
handelsüblicher Farbverdünner
harte Bürsten
weiche Schaumgummibürsten
Aquarell-Pinsel
Zerstäuber (Mundspritzgerät)

Geeignete Stoffe
Pongee-Seide, Twill oder Musselin. Musselin kann einfach, doppelt, dreifach oder vierfach auf den Rahmen gespannt werden. Die anderen Seidenstoffe sind je nach Stärke einfach oder doppelt aufzuspannen.
Der Sirup dringt durch die verschiedenen Stofflagen. Auf diese Weise werden bei großen Stoffstücken Symmetrie-Effekte erzielt.

Variante 1

Rindeneffekte

Anleitung

- Zunächst auf die gesamte Stofffläche einen einfarbigen oder abschattierten Pastellgrund auftragen. Trocknen lassen.
- Mit einer Bürste in Längsrichtung verschieden breite Sirupstreifen aufstreichen, dabei unregelmäßig vorgehen, um besondere Effekte zu erhalten (Art Holzmaserung oder Astlöcher). Die Bewegungen zügig ausführen und wiederholen. Ohne Wartezeit die frei gebliebenen Stellen mit neuen, dunkleren, eventuell sogar mit Kontrastfarben ausfüllen; diese sind großzügig aufzutragen. Die Sirupbänder können dabei berührt werden.
- Trocknen lassen. Dies kann je nach Zimmertemperatur und Luftfeuchtigkeit mehrere Tage dauern. Beim Trockenvorgang entwickeln sich die endgültigen Effekte, denn solange die Farben und der Sirup feucht sind, wirken sie aufeinander ein.
- Fixieren.
- Nach dem Fixieren die Seide in lauwarmem Wasser auswaschen, um die Zuckerrückstände zu entfernen.

Variante 1

Anstatt die Gesamtfläche des Stoffes mit einem einfarbigen oder abschattierten Pastellgrund zu bedecken, mehrere Farben mit dem Mundzerstäuber aufsprühen. Die Sirupbänder wie erwähnt auftragen. Nochmals dunklere Farben aufsprühen.
Der auf diese Weise erhaltene Rindeneffekt ist reicher an Halbtönen und erscheint gesprenkelt.

Variante 2

Die Sirupstreifen direkt auf den weißen Stoff auftragen.
Die freigebliebenen Zwischenräume mit einer Schaumgummibürste oder einem Pinsel mit Farbe ausfüllen. Sind diese Flächen zu groß, neue Sirupstreifen auftragen. Farbe und Sirup aufeinander streichen.
Mit dieser Variante erhält man leuchtendere Farben, da diese auf das Originalweiß des Stoffes gemalt werden.

Variante 2

Duftiger Musselin und seidige Eleganz in Blau

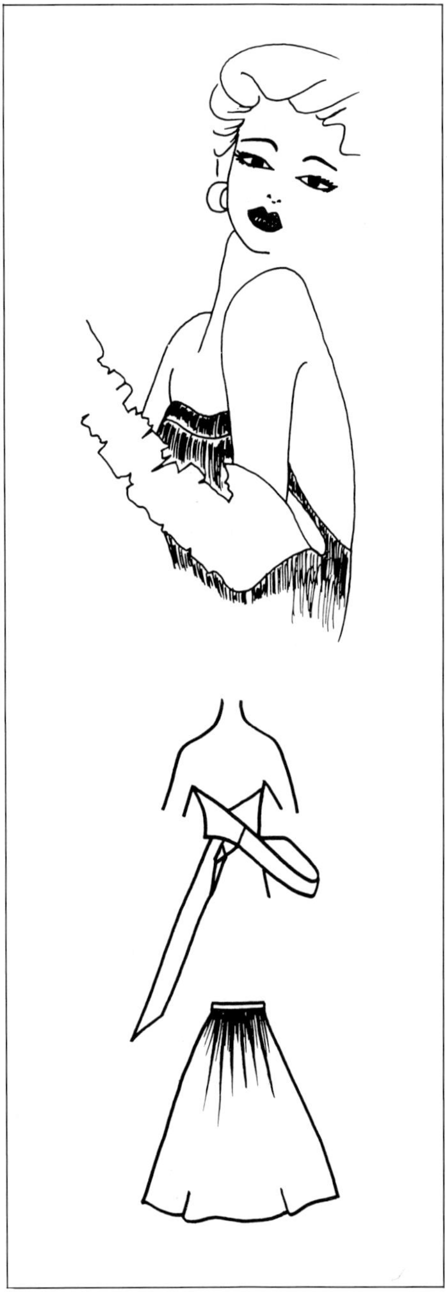

Der sehr weite Rock aus Musselin ist an der Taille gerafft und vollständig mit Pongee-Seide gefüttert.
Das Oberteil ist am Rücken gekreuzt und vorn geknüpft.

Rock:
3 m Musselin, 90 cm breit
3 m Pongee als Futter
Rockband, Reißverschluß, Druckknopf,
2 Haken und Ösen.

Oberteil:
1,20 m farbiger Crêpe Satin, Gummi.

Technik
Zuckersirup-Rindeneffekte,
Variante Nr. 1.
Den Musselin doppelt gelegt bemalen.

Rindeneffekte

Vibrationen

Material
Zuckersirup, Seidenmalfarben, handelsüblicher Farbverdünner, Alkohol, Pipette oder Tropfenzähler.

Geeignete Stoffe
Pongee, Twill.
Die Seide wird einfach aufgespannt.

Anleitung

- Den Rahmen mit der aufgespannten Seide senkrecht aufstellen und fest anbringen.
- Zuckersirup mit der Pipette oder dem Tropfenzähler am oberen Rand der Seide auftragen und auf der Seide herunterlaufen lassen. Denselben Vorgang im Abstand von einigen Zentimetern wiederholen, so daß die Seide mit verschieden breiten Sirupstreifen bedeckt wird.
- Rahmen umdrehen und Vorgang kreuzweise wiederholen (dabei den Sirup im schnellen Rhythmus auftragen).
- Ohne Zeitverlust die Farben längs der Sirupstreifen in den Zwischenräumen herunterlaufen lassen, und dies zunächst in einer Richtung, dann kreuzweise.
- Rahmen flach hinlegen und die Seide trocknen lassen.
- Fixieren.
- In lauwarmem Wasser die Zuckerrückstände auswaschen.

Variante
Die Seide zunächst mit einer Mischung von Alkohol und Wasser bestreichen. Auf der feuchten Fläche den Zuckersirup nur in eine Richtung herunterlaufen lassen.
Mit den Farben ebenso verfahren.
Man erhält weiche, verschwommene Farben, die sich nicht an den Zuckersirup binden, sondern mit ihm verschmelzen; (das Alkohol-Wassergemisch sorgt für eine gleichmäßige Feuchtigkeit der Seide und bindet Sirup und Farbe).

Vibrationen

Abstrakte Kunst, lebhafte Farben

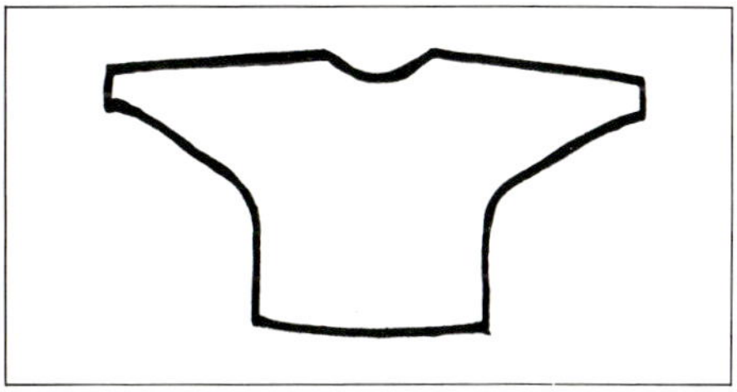

Kasak aus Crêpe de Chine.

Stoffverbrauch
2,65 m Crêpe de Chine, 90 cm breit

Technik
Zuckersirup-Vibrationen (Sirup und Farben nur in einer Richtung auftragen).

Galaxis

Material
Zuckersirup, Seidenmalfarben, Farbverdünner, große Pinsel, Tropfenzähler oder Pipette.

Geeignete Stoffe
Pongee, Twill, Seide einfach aufspannen.

Anleitung

- Einen dicken Pinsel in Zuckersirup tauchen.
- Mit einer unbehinderten Bewegung die Oberfläche des Stoffes bespritzen. Um lästige Spritzer auf die naheliegenden Gegenstände zu verhindern, ist es ratsam, einige Vorsichtsmaßnahmen zu treffen, z. B. mit Zeitungspapier den Tisch, die Wand usw. in Rahmennähe zu schützen; auch an die Kleidung ist zu denken.
- Einen mit Farbe gefüllten Tropfenzähler über den Stoff laufen lassen; mit einer zweiten, dann mit einer dritten Farbe ebenso verfahren, bis die gesamte Oberfläche bedeckt ist.
- Nochmals Zuckersirup aufspritzen.
- Trocknen lassen; versäumen Sie es nicht, von Zeit zu Zeit einen Blick auf Ihr Werk zu werfen, die Sternengalaxis wird sich Ihnen offenbaren!
- Fixieren.
- In lauwarmem Wasser auswaschen.

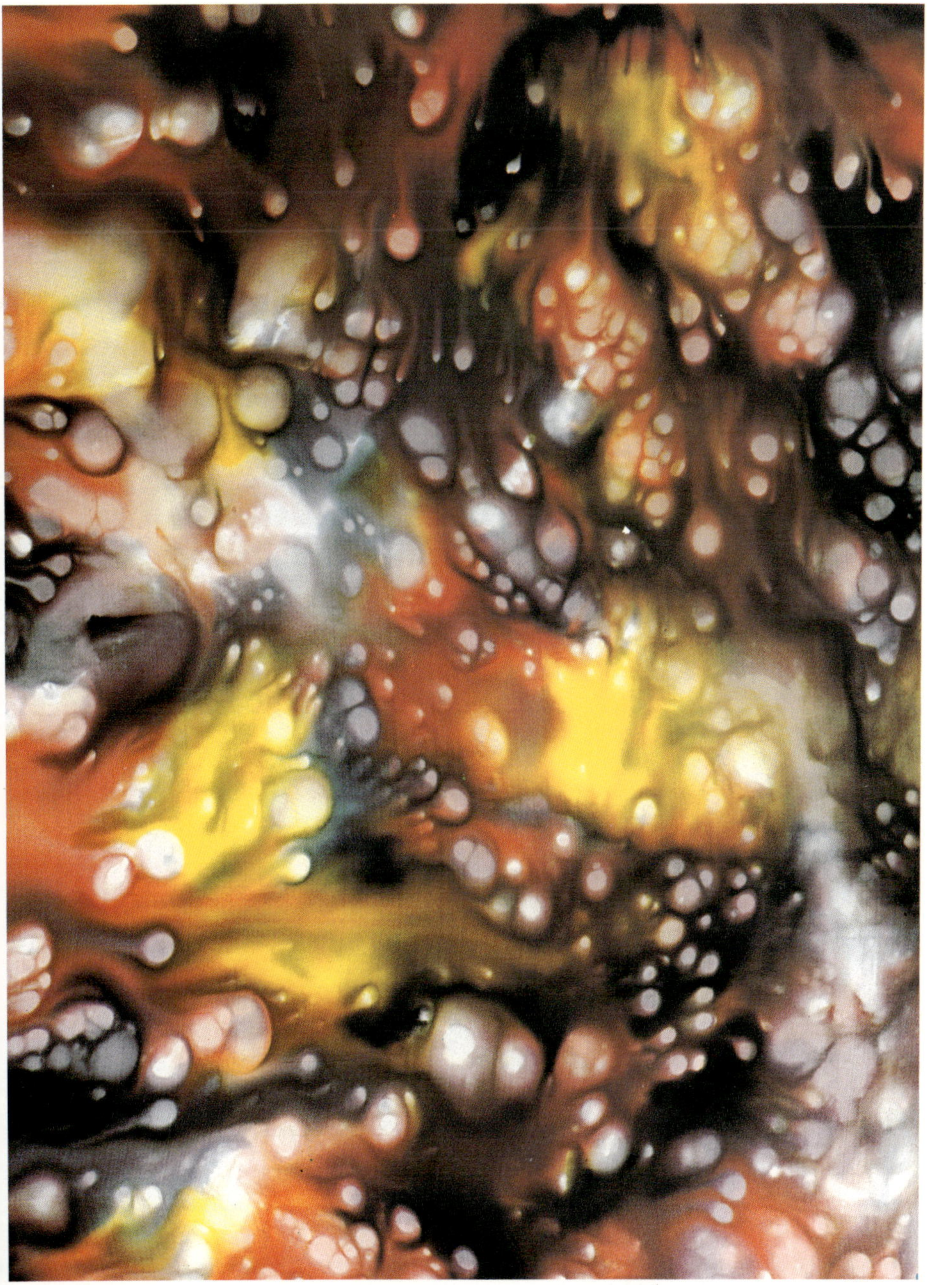

Blauer Planet Galaxis

Zauber in rosa Satin

Der Rock aus Musselin ist an der Taille gerafft und mit Pongee-Seide gefüttert. Das Vorderteil hat feine Träger und eine betonte Taille.
Der Gürtel wird mit Druckknöpfen geschlossen.

Stoffbedarf und Material
Rock: 3 m Musselin, 90 cm breit, 1,60 m Pongee, farblich abgestimmt, für das Futter Gürtelband, Reißverschluß, Druckknopf, 2 Haken und 2 Ösen.
Oberteil und Gürtel: 1 m farbigen Satin, aufbügelbares Schneiderleinen, Druckknöpfe, Haken und Ösen für den Gürtel.

Technik
Zuckersirup-Galaxis

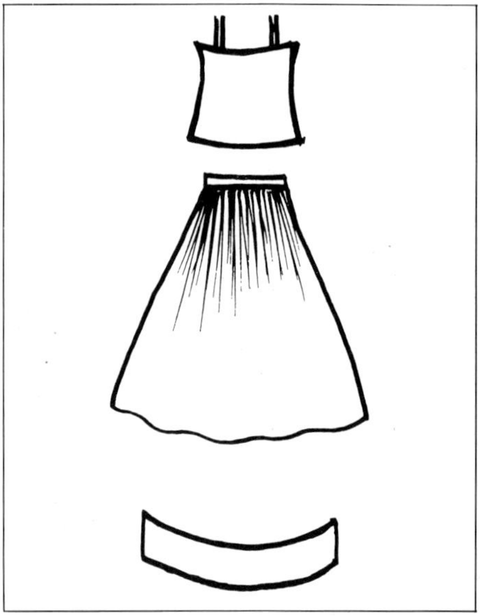

Schwamm-abdrücke

Material
Zuckersirup, Seidenmalfarben,
Farbverdünner,
Zerstäuber (Mundspritzgerät),
Schwämme aller Formen:
klein, groß, rechteckig, rund,
blütenförmig.

Geeignete Stoffe
Pongee, Twill, Crêpe de Chine.
Die Seide ist einfach aufzuspannen.

Anleitung

1. Schwammabdrücke

- Schwamm oberflächlich in den Zuckersirup tauchen und sanft auf den Stoff drücken.
- Auf diese Weise eine Art Mosaik oder ineinandergreifende Pflastersteine aufdrücken.
- Die Farben auf den noch feuchten Sirup sprühen; sollte der Sirup bereits trocken sein, ist die Seide vor dem Zerstäuben der Farbe nochmals mit Sirup zu behandeln.
- Trocknen lassen.
- Fixieren.
- In lauwarmem Wasser die Zuckerrückstände auswaschen.

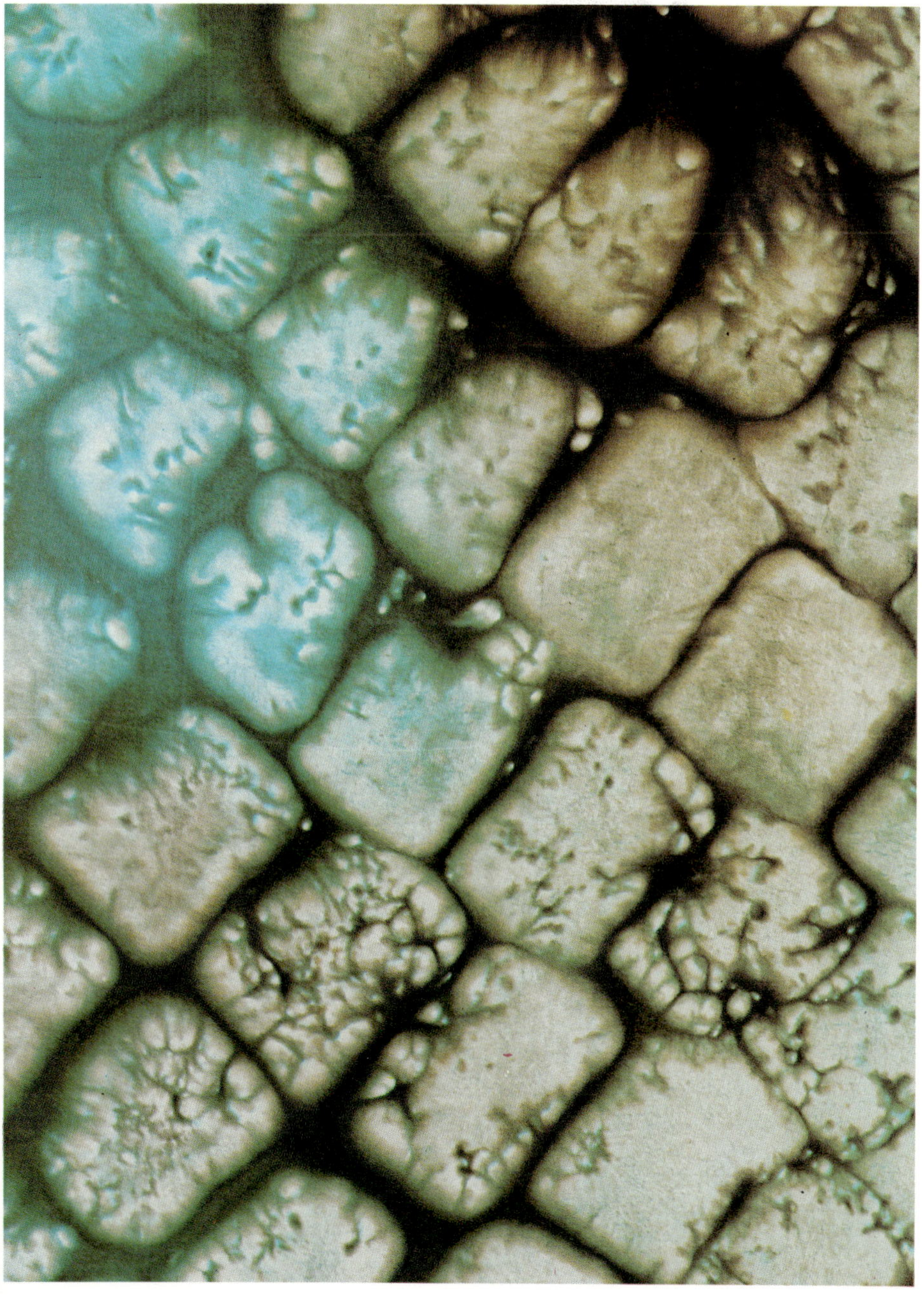

Schwamm-abdrücke

Anleitung

2. Gestrüpp

- Die Bürste in Zuckersirup tauchen und den Stoff energisch abbürsten.
- Unverzüglich Farbe aufsprühen.
- Trocknen lassen.
- Fixieren.
- Auswaschen.

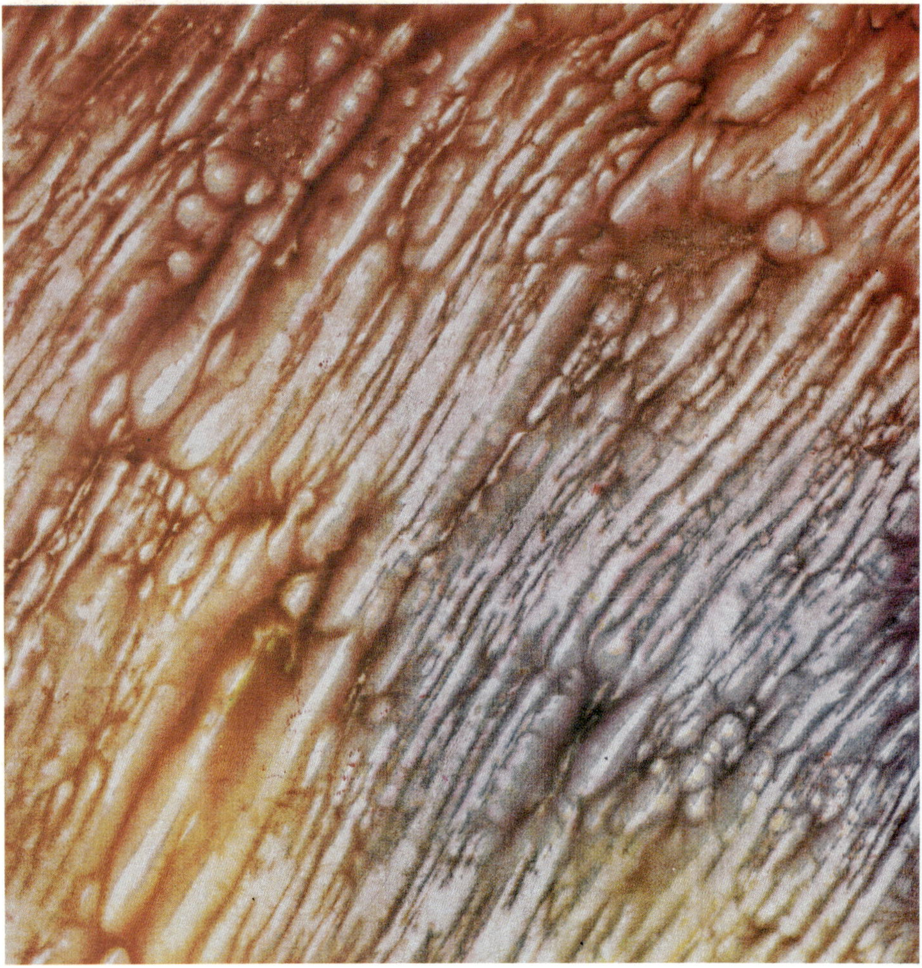

Schicke Bluse

T-Shirt aus Twill

Technik
Zuckersirup-Gestrüpp

Tropfen

Anleitung

- Die stark verdünnte Gutta mit einem Wattebausch auf der ganzen Stoffoberfläche verteilen.
- Trocknen lassen.
- Den Stoff mit Zuckersirup bespritzen, abbürsten oder abtupfen.
- Farben aufsprühen.
- Trocknen lassen.
- Fixieren.

Material

Zuckersirup, Seidenmalfarben, Farbverdünner, stark verdünnte Gutta (um das Ineinanderfließen der Farben zu verhindern) aus 7 Teilen Waschbenzin und 1 Teil Gutta,
Zerstäuber (Mundspritzgerät),
verschiedene Pinsel oder Bürsten,
Watte.

Geeignete Stoffe

Pongee, Twill, Crêpe de Chine.
Die Seide ist einfach aufzuspannen.

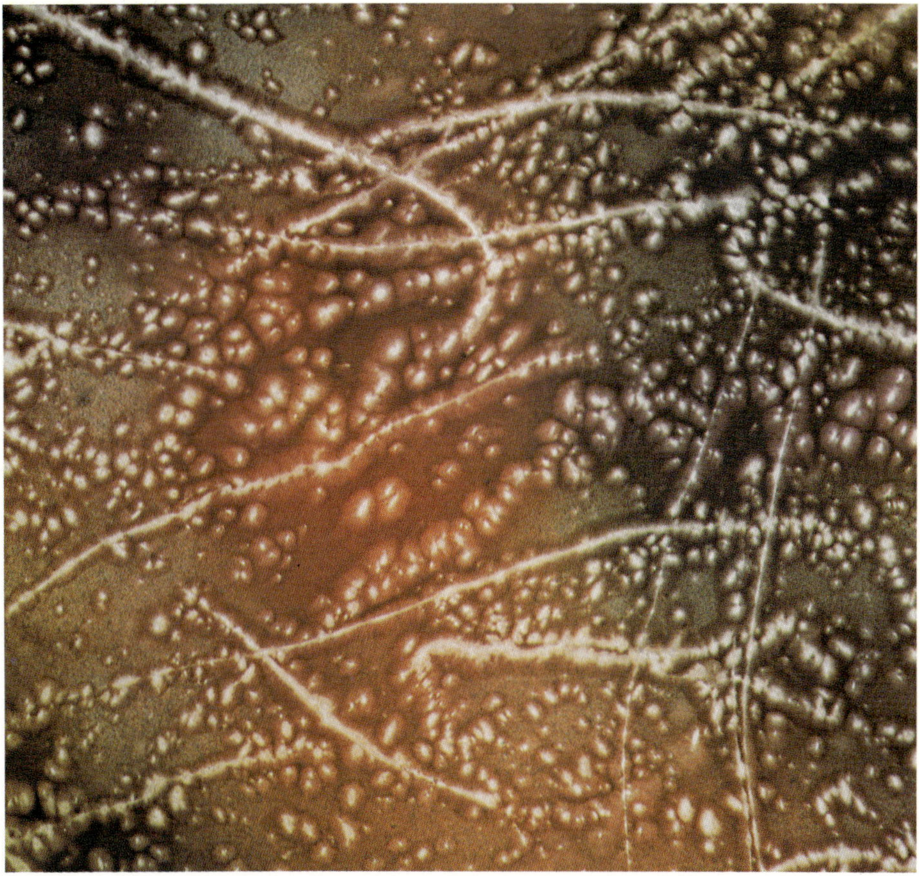

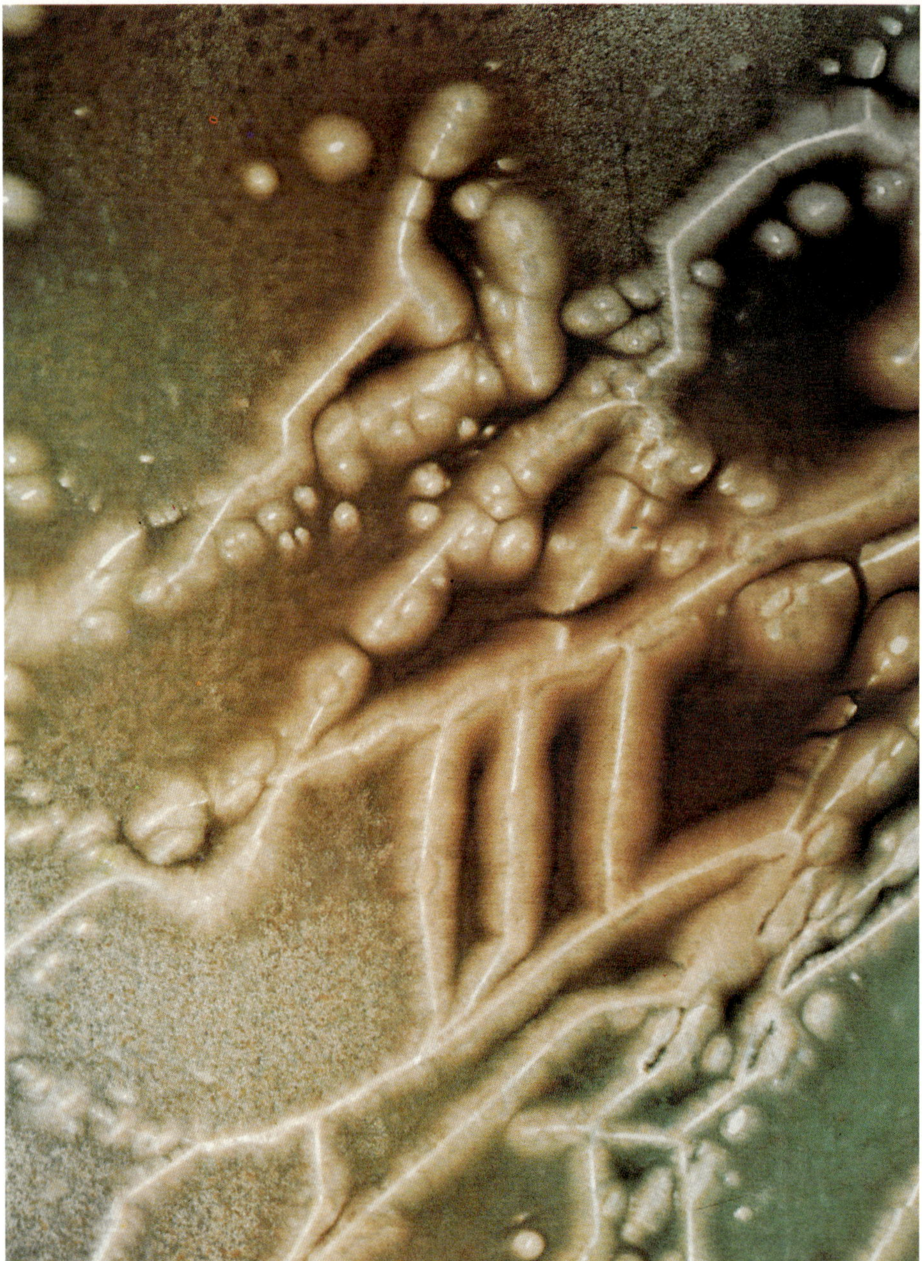

Tropfen Spritzer

Variante
Die stark verdünnte Gutta nur auf einige Stellen auftragen.
Den Stoff wie zuvor erwähnt mit Sirup behandeln.
Farben aufsprühen.

Pflanzenmotive

Material
Seidenmalfarben, Verdünnungsmittel (Wasser + Spiritus) oder Farbverdünner, verdünnte Gutta (7 Teile Waschbenzin und 1 Teil Gutta), Tropfenzähler oder Pipette, Trinkhalme mit Knick.

Geeignete Stoffe
Pongee

Anleitung
- Mit einem Wattebausch die verdünnte Gutta auf der ganzen Stofffläche verteilen.
- Trocknen lassen.
- An den Rand der aufgespannten Seide einen Tropfen dunkler Farbe fallen lassen. Mit einem Halm auf diesen Tropfen blasen, damit er auf der weißen Seide weiterläuft.
- Neue Tropfen auf den Stoff fallen lassen; dies kann entweder im Anschluß an den Verlauf des ersten Tropfens oder nochmals am Rand geschehen. Bläst man senkrecht auf den Tropfen, wird dieser breiter und bildet einen Blütenstern. Durch das Blasen können viele Pflanzenmotive entstehen.
- Trocknen lassen.
- Fixieren.

Variante 1
Sie können Ihre Kreation abwandeln, indem Sie eine oder mehrere Farben aufsprühen und evtl. Schablonen zum Abdecken (aus Karton, Plastikfolie oder ähnlichem) benutzen, um auf diese Weise besondere Formen zu erhalten.

Variante 2
Die weiße Seide mit Pastellfarbe grundieren.
Trocknen lassen.
Auf der gesamten Fläche stark verdünnte Gutta auftragen, damit die Farben nicht ineinanderfließen. Trocknen lassen.
Die Farbtropfen, wie zuvor erwähnt, durch Blasen verformen.

Variante 3
Zunächst Farben auf der gesamten Fläche verteilen.
Trocknen lassen, dann stark verdünnte Gutta auftragen.
Nochmals trocknen lassen.
Pflanzenmotive wie zuvor durch Blasen formen.

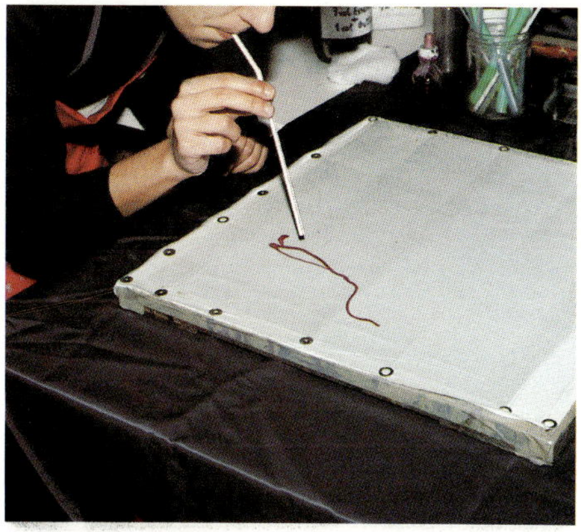

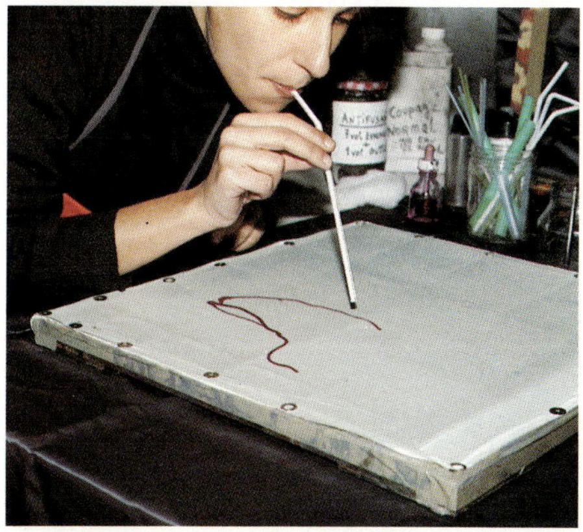

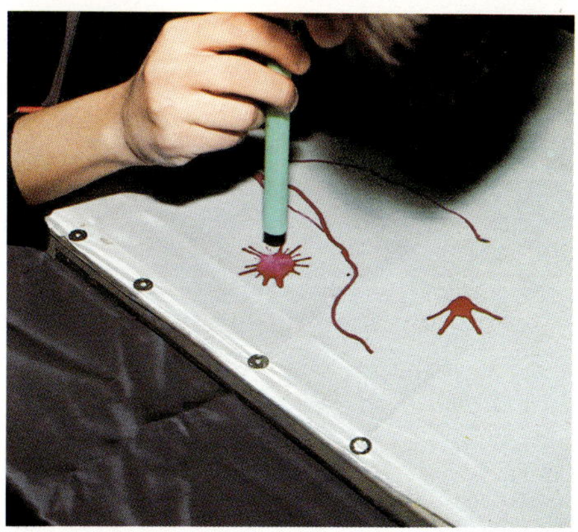

Pflanzenmotive

Das Gestalten von Pflanzenmotiven im „Nouvel Atelier“.

6

Schwarz/Weiß – exotischer Zauber

Der Kimono ist lang und hat übereinandergelegte Vorderteile, die mit einem breiten Gürtel zusammengehalten werden.

Stoffbedarf
4,5 m Doupion, 90 cm breit

Technik
Pflanzenmotive und figürliches Malen.

Graffiti-Spritzer

Material
Seidenmalfarben, Farbverdünner, stark verdünnte Gutta (7 Teile Waschbenzin und 1 Teil Gutta), Pinsel oder Bürsten.

Geeignete Stoffe
Pongee 10, Twill.

Anleitung
- Mit einem Wattebausch eine Schicht stark verdünnte Gutta auf der gesamten Stoffoberfläche verteilen, um ein Ineinanderfließen der Farben zu verhindern.
- Trocknen lassen.
- Die Seide mit Farbe bespritzen; dazu einen Pinsel oder eine Bürste benutzen.
- Trocknen lassen.
- Fixieren.

Variante
Man kann auf einem farbigen Grund arbeiten (z. B. auf farbiger oder einfarbig bemalter Seide). Damit die Farben nicht ineinanderlaufen wird die Fläche mit stark verdünnter Gutta behandelt. Stets dunklere Farben auf hellen Grund spritzen.

Ensemble aus weichem Seidenjersey

Stoffbedarf und Material
3 m Seidenjersey, 90 cm breit
2 Knöpfe, 1 Druckknopf, Gürtelband

Technik
Graffiti-Spritzer.
Das Oberteil ist am Halsausschnitt drapiert.
Der Rock ist wie ein Saroual gearbeitet, an den Seiten offen und hat einen breiten Gürtel.

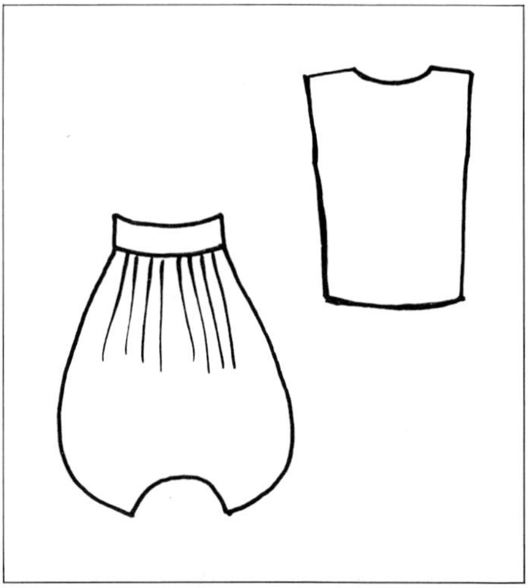

Graffiti-Neon

Material
Seidenmalfarben, Farbverdünner, stark verdünnte Gutta (7 Teile Waschbenzin und 1 Teil Gutta), Maisstärke, Kaffeelöffel oder große Pipette.

Geeignete Stoffe
Pongee, Twill, Musselin.

Anleitung

- Bereits verdünnte Farbe mit einem kleinen Löffel mit etwas Maisstärke vermischen. Dies ist nicht ganz einfach; aus diesem Grunde nur kleine Mengen nach und nach zum Eindicken der Farbe hinzufügen. Die Mischung muß glatt, weder zu flüssig, noch zu dick und genügend geschmeidig sein, damit die Farbe wie ein „elastischer" Belag erscheint.
- Mit einem Löffel voll dieser verdickten Farbe über den Stoff fahren und die Farbe herunterfließen lassen; es entsteht eine dunkle, hervortretende Farbspur, die mit derselben, leicht aufgehellten Farbe an beiden Seiten eingefaßt ist. Dieser Farbunterschied ruft die „Neon"-Illusion hervor.
- Auf dieselbe Weise können Sie mehrere, ziemlich ähnliche Farbnuancen auf die gesamte Stofffläche verteilen. Präzisere Farbspuren erhalten Sie mit einer großen Pipette, mit der man anstelle eines Löffels über den Stoff fährt.
- Vollständig trocknen lassen.
- Den Stärkebelag auf der Oberfläche abkratzen; er läßt sich als Staub entfernen.
- Fixieren.
- Die Seide in lauwarmem Wasser sanft auswaschen.

Graffiti-Neon

Seide – direkt auf der Haut getragen

Geschmeidige Seide (Satin).
T-Shirt-Schnitt. Farben um Neon-Effekt.

Technik
Graffiti-Neon

Graffiti-Neon-Varianten

Variante
Mit einem Wattebausch stark verdünnte Gutta auf der gesamten Stoffoberfläche verteilen. Trocknen lassen, dann die verdickte Farbe wie zuvor beschrieben über den Stoff laufen lassen; die stark verdünnte Gutta hindert die Spur daran, zu zerfließen. Trocknen lassen; den Belag abkratzen und Stoff fixieren.

Graffiti für alle Stoffe

Freies Gestalten

Material
Deckfarben (Gouaches) für alle Stoffe geeignet, Verdünnungsmittel für Deckfarben: Wasser, harte Bürsten jeder Größe, Zerstäuber (Mundspritzgerät).

Geeignete Stoffe
Alle Stoffe. Auch Fertigkleidung, T-Shirts, Leinenschuhe oder Stofftaschen, Shorts usw.

Anleitung

- Da es sich um Deckfarbe handelt, zerfließt die Farbe nicht, was die Arbeit vereinfacht. Den Stoff damit je nach Wunsch bespritzen, besprühen oder bedrucken.
- Vorsicht! Deckfarbe härtet den Stoff; sie ist also mit Maßen und mehr oder weniger mit Wasser verdünnt zu verwenden, wie es die Stärke des Stoffes erfordert.
- Die Trockenzeit ist ziemlich lange.
- Fixieren durch Bügeln oder evtl. durch Trocknen an der Sonne (z. B. bei Schuhen).

Außer den Deckfarben bietet der Handel Filzstifte zum Bemalen von allen Stoffen an, die Sie ebenfalls verwenden können. Lassen Sie Ihrer Phantasie und Ihrer spontanen Eingebung freien Lauf!

Ensemble „Samourai“

Oberteil: Top mit breiten Trägern und Umschlag.
Hose: An der Taille in kleine Falten gelegt, mit sehr breitem, vorn zu bindendem Gürtel.

Stoffbedarf
4 m Bourrette

Technik
Graffiti für alle Stoffe

Graffiti für alle Stoffe

Gittermuster

Material
Seidenmalfarben, Farbverdünner, stark verdünnte Gutta (7 Teile Waschbenzin und 1 Teil Gutta), Zerstäuber (Mundspritzgerät), verschiedene Gitter (im Fachhandel erhältlich), Watte.

Geeignete Stoffe
Pongee, Twill, Bourrette, usw.

Anleitung
- Mit einem Wattebausch die gesamte Fläche mit stark verdünnter Gutta behandeln, um das Ineinanderfließen der Farben zu verhindern.
- Trocknen lassen.
- Das Gitter sorgfältig auf die Seide legen.
- Eine oder mehrere Farben aufsprühen.
- Trocknen lassen, bevor das Gitter verschoben oder entfernt wird.
- Fixieren.

Anmerkung: Bei Bourette oder anderen dicken Stoffen ist eine Behandlung mit Gutta vor dem Besprühen mit Farbe nicht notwendig.

Kostüm mit viel Charme

Stoffbedarf + Material
4,30 m Bourette
Gummiband und
Knöpfe für die Bluse
Druckknöpfe, Haken
Einlage für Bündchen und Kragen
Reißverschluß für den Rock

Technik
Gittermuster

Jacke: Lange, weite Ärmel, ein Knopf, kleiner Kragen.

Rock: Gerade, mit Reißverschluß an der Rückennaht und zwei kleinen Seitenschlitzen.

Seidige Eleganz zu allen Gelegenheiten.

Gittermuster

Variante 1
Vor dem Auftragen von stark verdünnter Gutta kann die Seide mit einer oder mehreren Farben bemalt werden. Nach jedem Farbauftrag Stoff gut trocknen lassen.
Gitter auflegen und eine dunkle Farbe auf die gesamte Fläche des Stoffes sprühen.
Trocken lassen; Gitter entfernen, danach fixieren.

Gittermuster

Variante 2
Ein Rechteck oder beliebige andere geometrische Formen in einen steifen, nicht allzu dicken Karton schneiden. Über die ausgeschnittene Fläche das Gitter legen, dann die Farbe aufsprühen. Dies mehrere Male wiederholen, dabei den Stoff nach jedem Besprühen trocknen lassen. Man kann beim zweiten Mal das Gitter verschieben.

Gold und Silber

Material
Zerstäuber (Mundspritzgerät), Tropfengerät oder Pipette, verschiedene Pinsel, goldene oder silberne Gutta, farblose Gutta, farbige Gutta, Waschbenzin als Verdünnungsmittel für Gutta, Seidenmalfarben, Farbverdünner.

Geeignete Stoffe
Musselin, Pongee

Anleitung
1. Edle Seide
- Ein Gemisch aus gleichen Teilen Gutta (gold, silber, farblos) und Waschbenzin vorbereiten.
- Die verschiedenen Gutta-Arten auf die rechte Seite (= Schauseite) der aufgespannten Seide sprühen.
- Die Farben auf die Rückseite sprühen.
- Trocknen lassen.
- Fixieren.

2. Fließspuren
- Mit einem Tropfenzähler die verdünnte Gutta auf die Seide träufeln und in Linien fließen lassen. Vorgang in entgegengesetzte Richtung wiederholen.
- Die weiß gebliebenen Stellen mit Farbe füllen.
- Trocknen lassen.
- Fixieren.

3. Bespritzen
- Mit einem Pinsel oder einem Tropfenzähler werden die verschiedenen Gutta-Arten auf die Seide gespritzt.
- Farbe aufsprühen.
- Trocknen lassen.
- Fixieren.

Anmerkung: Gold- und Silbergutta verschwindet mit der Zeit beim Waschen und durch Lufteinwirkung. Sie eignet sich also nicht für alle Malereien.

Gold und Silber

Vollkommene Harmonie von Schmuck, Seide und Malerei

Gold und Silber

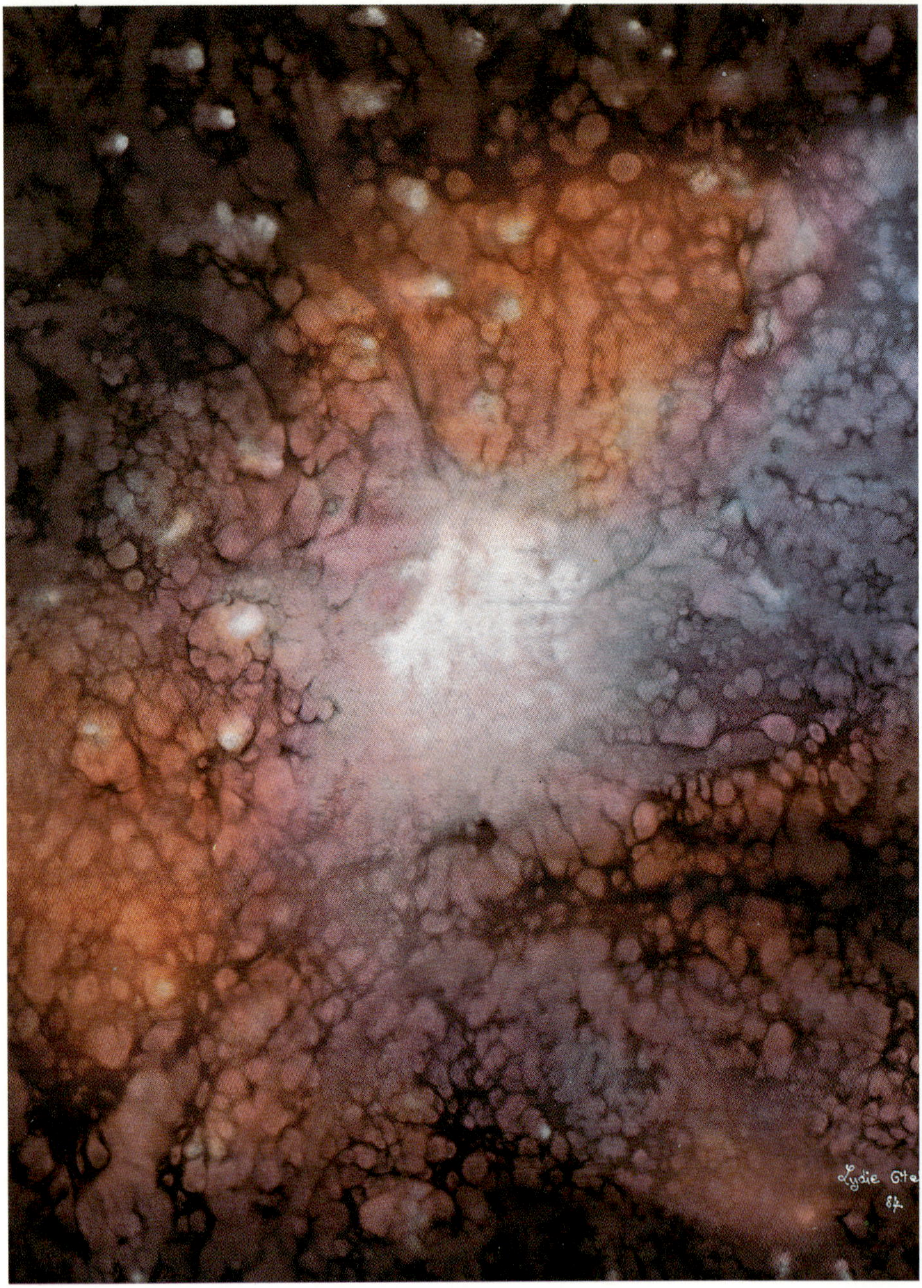